MW01178023

Dieta Mediterránea

Recetas sencillas y sabrosas para

una vida sana y la pérdida de peso para principiantes.

Mariscos y batidos, rápido y fácil.

Libro de cocina para una vida sana con platos deliciosos.

Alexangel Kitchen

Sólo para nuestros lectores

Para agradecerle la compra del libro, por tiempo limitado, puede obtener un LIBRO GRATUITO especial de Alexangel Kitchen

Sólo tienes que ir a https://alexangelkitchen.com/ para descargar tu LIBRO GRATUITO

Tabla de contenidos

—

INTRODUCCIÓN

El régimen alimenticio mediterráneo es una forma de vida. Es un método de alimentación para llevar una vida plena y sólida. Al seguir esta línea de alimentación te pondrás en forma, pero también reforzarás tu corazón y le darás a tu cuerpo los mejores suplementos posibles para llevar una vida larga y provechosa. Se ha relacionado a las personas que siguen el régimen alimenticio mediterráneo con un menor peligro de padecer enfermedades y malignidades de Alzheimer, un mejor bienestar cardiovascular en términos generales y una esperanza de vida completa. A un régimen de alimentación al estilo mediterráneo se le une una forma de vida. El modo de vida tiene muchas cosas que completan la rutina de alimentación. Incorpora mucho ejercicio, no fumar, beber con moderación, y tener un entusiasmo por la familia y la vida. Esta es una metodología genuinamente efectiva para mantener una vida sólida. La premisa básica de esta rutina de alimentación es que se come una cantidad considerable de vegetales, frutas, cereales, nueces y granos enteros. Apenas comes pescado o carne. La omisión de carne disminuye el riesgo de malignidad. Comes un poco de pan. Estas son algunas de las cosas fundamentales de este régimen de alimentación.

La otra parte del régimen de alimentación del Mediterráneo es el componente social. Se come con los seres queridos, la familia y los compañeros. Te beneficias de los alimentos que recibes y saboreas tu vida. Comes por dentro, de espaldas y al centro.

Tu familia y tus compañeros lo aprecian y también descubren cómo apreciarlo. Conoces a unas cuantas personas que tienen la misma mentalidad y progresas para convertirte en una familia.

Llegas a apreciar tu vida ya que la vives en la medida más asombrosa posible.

No se puede tomar en el Mediterráneo una verdadera rutina de alimentación a menos que se tenga en cuenta el ejercicio, la moderación y el estar con los individuos que hacen que sea un acontecimiento para apreciar la vida. Esto es en su mayor parte un enfoque de la vida. En el caso de que necesites lograr todas las ventajas, deja que esta sea la mejor manera que elijas para vivir tu vida. En su mayoría, el público en general que lo hace va a las reuniones que, por lo general, se realizan en casa. Se divierten, hacen cosas bajo el sol, y hacen asuntos con sus familias y su clan. Hacen un intento decente de vivir en ese tipo de entorno en oposición al entorno social convencional en el que mucha gente está normalmente.

La última pieza del régimen de alimentación del Mediterráneo es el modo de vida. Una de las cosas que puede ser excepcionalmente dañina es la forma en que no charlas con tus padres lo suficiente. No tienes la oportunidad de oír a tus compañeros hablar de las cosas que aprecian, de las cosas que comprenden y de las cosas que están en condiciones de hacer por sí mismos.

Aprecian escucharte hablar aproximadamente de las cosas que aprecias, las cosas que comprendes, y las cosas que puedes hacer por ti mismo.

Planificar una ocasión para reunirse y hablar con sus compañeros sobre sus temas más queridos y cada una de las complejidades subyacentes de su vida es una pieza esencial en el camino para lograr todas las ventajas de la rutina alimenticia mediterránea.

RECETAS DE BATIDOS Y BEBIDAS

Batido de almendras y arándanos

Tiempo de preparación: 5 minutos

Tiempo de cocción: 3 minutos

Porciones: 2

Ingredientes:

- 1/4 de taza de almendras molidas, sin sal

- 1 taza de arándanos frescos

- Jugo fresco de un limón

- 1 taza de hoja de col rizada fresca

- 1/2 taza de agua de coco

- 1 taza de agua

- 2 cucharadas de yogur natural (opcional)

Instrucciones:

1. Ponga todos los ingredientes en la licuadora de alta velocidad y bátalos hasta que el batido esté suave.

2. Vierta la mezcla en un vaso frío.

3. ¡Sirve y disfruta!

Nutrición: Calorías: 110, Carbohidratos: 8g, Proteínas: 2g, Grasa: 7g, Fibra: 2g,

y calabacín

Tiempo de preparación: 5 minutos

Tiempo de cocción: 3 minutos

Porciones: 2

Ingredientes:

- 1 taza de calabacín, cocido y triturado - sin sal.

- 1 1/2 tazas de leche de almendra

- 1 cucharada de mantequilla de almendra (sin sal)

- 1 cucharadita de extracto de almendra pura

- 2 cucharadas de almendras molidas o almendras de macadamia

- 1/2 taza de agua

- 1 taza de hielo picado (opcional, para servir)

Instrucciones:

1. Vierta todos los ingredientes de la lista anterior en su licuadora de alta velocidad; mézclelos durante 45 - 60 segundos o al gusto.

2. Servir con hielo picado.

Nutrición: Calorías: 322, Carbohidratos: 6g, Proteínas: 6g, Grasa: 30g, Fibra: 3.5g

Aguacate con batido de mantequilla de nuez

Tiempo de preparación: 5 minutos

Tiempo de cocción: 3 minutos

Porciones: 2

Ingredientes:

- 1 aguacate (en cubitos)

- 1 taza de espinaca bebé

- 1 taza de leche de coco (enlatada)

- 1 cucharada de mantequilla de nuez, sin sal.

- 2 cucharadas de edulcorante natural como la stevia, el eritritol, la truvia… etc.

Instrucciones:

1. Ponga todos los ingredientes en el procesador de alimentos o en una licuadora; bátalos hasta que estén suaves o al gusto.

2. Añade más o menos mantequilla de nuez.

3. ¡Bebe y disfruta!

Nutrición: Calorías: 364, Carbohidratos: 7g, Proteínas: 8g, Grasa: 35g, Fibra: 5.5g

Batido de espinacas y eneldo bebé

Tiempo de preparación: 5 minutos

Tiempo de cocción: 3 minutos

Porciones: 2

Ingredientes:

- 1 taza de hojas de espinacas frescas de bebé

- 2 cucharadas de eneldo fresco, picado

- 1 1/2 taza de agua

- 1/2 aguacate, cortado en cubos

- 1 cucharada de semillas de chía (opcional)

- 2 cucharadas de endulzante natural stevia o eritritol (opcional)

Instrucciones:

1. Ponga todos los ingredientes en una licuadora de alta velocidad. Bata hasta que esté suave y todos los ingredientes se unan bien.

2. ¡Sirve y disfruta!

Nutrición: Calorías: 136, Hidratos de Carbono: 8g, Proteínas: 7g, Grasa: 10g, Fibra: 9g

Batido de arándanos y coco

Tiempo de preparación: 5 minutos

Tiempo de cocción: 3 minutos

Porciones: 5

Ingredientes:

- 1 taza de arándanos congelados, sin azúcar.

- 1 taza de endulzante de stevia o eritritol

- 2 tazas de leche de coco (enlatada)

- 1 taza de hojas de espinaca fresca

- 2 cucharadas de coco rallado (sin azúcar)

- 3/4 de taza de agua

Instrucciones:

1. Ponga todos los ingredientes de la lista en el procesador de alimentos o en su licuadora fuerte.

2. Mezclar durante 45 - 60 segundos o al gusto.

3. ¡Preparados para la bebida! ¡Sirvan!

Nutrición: Calorías: 190, Carbohidratos: 8g, Proteínas: 3g, Grasa: 18g, Fibra: 2g,

Licuado de col y pepino

Tiempo de preparación: 15 minutos

Tiempo de cocción: 5 minutos

Porciones: 2

Ingredientes:

- 1 taza de hojas de col

- Unas cuantas hojas de menta y pimienta fresca

- 1 pepino grande

- 1 lima, recién exprimida

- 1/2 taza de aguacate en rodajas

- 1 1/2 taza de agua

- 1 taza de hielo picado

- 1/4 de taza de edulcorante natural eritritol o stevia (opcional)

Instrucciones:

1. Enjuague y limpie sus coles de cualquier suciedad.

2. Mezcla todos los ingredientes en una licuadora hasta que tu batido esté bien combinado.

3. Vierta un vaso y beba. ¡Disfrute!

Nutrición: Calorías: 123, Carbohidratos: 8g, Proteínas: 4g, Grasa: 11g, Fibra: 6g

Cremoso batido de diente de león y apio

Tiempo de preparación: 10 minutos

Tiempo de cocción: 3 minutos

Porciones: 2

Ingredientes:

- Un puñado de hojas de diente de león en bruto
- 2 palitos de apio
- 2 cucharadas de semillas de chía
- Un pequeño trozo de jengibre, picado
- 1/2 taza de leche de almendra
- 1/2 taza de agua
- 1/2 taza de yogur natural

Instrucciones:

1. Enjuague y limpie las hojas de diente de león de cualquier suciedad; añada en una licuadora de alta velocidad.

2. Limpiar el jengibre; conservar sólo la parte interior y cortar en pequeñas rebanadas; añadir en una licuadora.

3. Mezcla todos los ingredientes restantes hasta que esté suave.

4. ¡Sirve y disfruta!

Nutrición: Calorías: 58, Carbohidratos: 5g, Proteínas: 3g, Grasa: 6g, Fibra: 3g

Batido de mantequilla, nuez y coco

Tiempo de preparación: 5 minutos

Tiempo de cocción: 2 minutos

Porciones: 2

Ingredientes:

- 1 taza de leche de coco, enlatada
- 1 cucharada de crema de mantequilla y nuez en polvo.
- 2 tazas de hojas de espinaca fresca, picadas
- 1/2 plátano congelado o fresco
- 2 cucharadas de endulzante granulado de stevia al gusto
- 1/2 taza de agua
- 1 taza de cubitos de hielo triturados

Instrucciones:

1. Coloca los ingredientes de la lista anterior en tu licuadora de alta velocidad.
2. Mezclar durante 35 - 50 segundos o hasta que todos los ingredientes se combinen bien.
3. Añade más o menos hielo picado.
4. ¡Bebe y disfruta!

Nutrición: Calorías: 268, Carbohidratos: 7g, Proteínas: 6g, Grasa: 26g, Fibra: 1.5g

Batido de pepino fresco, col rizada y frambuesa

Tiempo de preparación: 10 minutos

Tiempo de cocción: 3 minutos

Porciones: 3

Ingredientes:

- 1 1/2 tazas de pepino, pelado

- 1/2 taza de hojas de col rizada cruda

- 1 1/2 tazas de frambuesas frescas

- 1 taza de leche de almendra

- 1 taza de agua

- Cubos de hielo triturados (opcional)

- 2 cucharadas de edulcorante natural (stevia, eritritol...etc.)

Instrucciones:

1. Ponga todos los ingredientes listados en una licuadora de alta velocidad; mezcle durante 35 - 40 segundos.
2. Servir en vasos refrigerados.
3. Añade más dulce natural si quieres. Disfrútelo!

Nutrición: Calorías: 70, Carbohidratos: 8g, Proteínas: 3g, Grasa: 6g, Fibra: 5g

Batido de coco verde

Tiempo de preparación: 10 minutos

Tiempo de cocción: 3 minutos

Porciones: 2

Ingredientes:

- 1 1/4 taza de leche de coco (enlatada)

- 2 cucharadas de semillas de chía

- 1 taza de hojas frescas de col rizada

- 1 taza de hojas de espinaca

- 1 cucharada de polvo de proteína de vainilla

- 1 taza de cubitos de hielo

- Edulcorante de stevia granulado (a gusto; opcional)

- 1/2 taza de agua

Instrucciones:

1. Enjuague y limpie la col rizada y las hojas de espinaca de cualquier suciedad.

2. Añade todos los ingredientes a la licuadora.

3. Mezcla hasta que consigas un buen batido

4. Servir en un vaso frío.

Nutrición: Calorías: 179, Carbohidratos: 5g, Proteínas: 4g, Grasa: 18g, Fibra: 2.5g

Batido de arándanos con Matcha

Tiempo de preparación: 5 minutos

Tiempo de cocción: 0 minutos

Porciones: 2

Ingredientes:

- 2 tazas de arándanos, congelados
- 2 tazas de leche de almendra
- 1 Plátano
- 2 cucharadas de proteína en polvo, opcional
- ¼ Cucharadita de canela molida
- 1 cucharada de semillas de Chia
- 1 cucharada de polvo de té Matcha
- ¼ Cucharadita de jengibre molido
- Una pizca de sal marina

Instrucciones:

1. Mezclar todo hasta que esté suave.

Nutrición: Calorías: 208 Proteínas: 8,7 gramos Grasas: 5,7 gramos Carbohidratos: 31 gramos

Batido de pastel de calabaza

Tiempo de preparación: 5 minutos

Tiempo de cocción: 0 minutos

Porciones: 2

Ingredientes:

- 1 Plátano
- ½ Calabaza de taza, enlatada y sin azúcar
- 2-3 cubos de hielo
- 1 taza de leche de almendra
- 2 cucharadas de mantequilla de almendras, apiladas
- 1 cucharadita de nuez moscada molida
- 1 cucharadita de canela molida
- 1 cucharadita de extracto de vainilla puro
- 1 cucharadita de jarabe de arce, puro

Instrucciones:

1. Mezclar todo hasta que esté suave.

Nutrición: Calorías: 235 Proteínas: 5,6 gramos Grasa: 11 gramos Carbohidratos: 27,8 gramos

Batido de higos

Tiempo de preparación: 5 minutos

Tiempo de cocción: 0 minutos

Porciones: 2

Ingredientes:

- 7 Higos, cortados por la mitad (frescos o congelados)
- 1 Plátano
- 1 taza de yogur de leche entera, solo
- 1 taza de leche de almendra
- 1 cucharadita de linaza, molida
- 1 cucharada de mantequilla de almendra
- 1 cucharadita de miel, cruda
- 3-4 Cubos de hielo

Instrucciones:

1. Mezclar todos los ingredientes hasta que esté suave, y servir inmediatamente.

Nutrición: Calorías: 362 Proteínas: 9 gramos de grasa: 12 gramos de carbohidratos: 60 gramos

Batido de jengibre, zanahoria y cúrcuma

Tiempo de preparación: 5 minutos

Tiempo de cocción: 0 minutos

Porciones: 2

Ingredientes:

- 1/8 cucharadita de pimienta de cayena
- 1 cucharadita de cúrcuma, molida
- 1 cucharadita de jengibre, molido
- 1 cucharada de semillas de cáñamo, crudas, sin cáscara
- 1 taza de agua de coco
- ½ taza Mango, trozos frescos o congelados
- 1 Zanahoria grande, pelada y picada
- 1 Naranja, pelada y separada

Instrucciones:

1. Haga puré todos los ingredientes junto con media taza de hielo hasta que esté suave y bébalo inmediatamente.

Nutrición: Calorías 250 35 gramos de azúcar 4,5 gramos de grasa 7 gramos de fibra 48 gramos de carbohidratos 6 gramos de proteína

Batido de fresa y kiwi

Tiempo de preparación: 10 minutos

Tiempo de cocción: 0 minutos

Porciones: 1

Ingredientes:

- 1 Kiwi, pelado y picado
- ½ taza Fresas, frescas o congeladas, picadas
- 1 taza de leche, almendra o coco
- 1 cucharadita de albahaca, molida
- 1 cucharadita de cúrcuma, molida
- 1 Plátano, cortado en cubos
- ¼ taza de polvo de semilla de Chia

Instrucciones:

1. Bebe inmediatamente después de que todos los ingredientes se hayan mezclado bien.

Nutrición: Calorías 250 9,9 gramos de azúcar 1 gramo de grasa 34 carbohidratos 4,3 gramos de fibra

Batido de leche de coco y plátano para el desayuno

Tiempo de preparación: 10 minutos

Tiempo de cocción: 0 minutos

Porciones: 4

Ingredientes:

- 4 plátanos maduros de tamaño medio
- 4 cucharadas de semillas de lino
- 2 tazas de leche de almendra
- 2 tazas de leche de coco
- 4 cucharaditas de canela

Instrucciones:

1. Pela el plátano y córtalo en trozos de ½ pulgadas. Poner todos los ingredientes en la licuadora y mezclar en un batido. Añade un chorrito de canela en la parte superior del batido antes de servirlo.

Nutrición: Calorías: 332 kcal Proteína: 12,49 g Grasa: 14,42 g Carbohidratos: 42.46 g

Batido de col rizada

Tiempo de preparación: 10 minutos

Tiempo de cocción: 0 minutos

Porciones: 2

Ingredientes:

- 10 hojas de col rizada
- 5 plátanos, pelados y cortados en trozos
- 2 peras, picadas
- 5 cucharadas de mantequilla de almendra
- 5 tazas de leche de almendra

Instrucciones:

1. En tu licuadora, mezcla la col rizada con los plátanos, las peras, la mantequilla de almendra y la leche de almendra.
2. Pulsa bien, divide en vasos y sirve. ¡Disfrute!

Nutrición: Calorías: 267 Grasa: 11 g Proteína: 7 g Carbohidratos: 15 g Fibra: 7 g

Batido de frambuesa

Tiempo de preparación: 10 minutos

Tiempo de cocción: 0 minutos

Porciones: 2

Ingredientes:

- 1 aguacate, deshuesado y pelado
- 3/4 de taza de jugo de frambuesa
- 3/4 de taza de jugo de naranja
- 1/2 taza de frambuesas

Instrucciones:

1. En tu licuadora, mezcla el aguacate con el jugo de frambuesa, el jugo de naranja y las frambuesas.
2. Pulsa bien, divide en dos vasos y sirve. ¡Disfrute!

Nutrición: Calorías: 125 Grasa: 11 g Proteína: 3 g Carbohidratos: 9 g Fibra: 7 g

Batido de piña

Tiempo de preparación: 10 minutos

Tiempo de cocción: 0 minutos

Porciones: 2

Ingredientes:

- 1 taza de agua de coco
- 1 naranja, pelada y cortada en cuartos
- 1 1/2 tazas de trozos de piña
- 1 cucharada de jengibre fresco rallado
- 1 cdta. de semillas de chía
- 1 cucharadita de polvo de cúrcuma
- Una pizca de pimienta negra

Instrucciones:

1. En la licuadora, mezcla el agua de coco con la naranja, la piña, el jengibre, las semillas de chía, la cúrcuma y la pimienta negra.
2. Pulsa bien, vierte en un vaso.
3. Servir para el desayuno. ¡Que aproveche!

Nutrición: Calorías: 151 Grasa: 2 g Proteína: 4 g Carbohidratos: 12 g Fibra: 6 g

Batido de remolacha

Tiempo de preparación: 10 minutos

Tiempo de cocción: 0 minutos

Porciones: 2

Ingredientes:

- 10 oz. de leche de almendras, sin endulzar
- 2 remolachas, peladas y descuartizadas
- 1/2 plátano, pelado y congelado
- 1/2 taza de cerezas, sin hueso
- 1 cucharada de mantequilla de almendra

Instrucciones:

1. En tu licuadora, mezcla la leche con la remolacha, el plátano, las cerezas y la mantequilla.
2. Pulsa bien, vierte en vasos y sirve. ¡Disfrute!

Nutrición: Calorías: 165 Grasa: 5 g Proteína: 5 g Carbohidratos: 22 g Fibra: 6 g

Batido de arándanos

Tiempo de preparación: 10 minutos

Tiempo de cocción: 0 minutos

Porciones: 1

Ingredientes:

- 1 plátano, pelado
- 2 puñados de espinacas bebé
- 1 cucharada de mantequilla de almendra
- 1/2 taza de arándanos
- 1/4 cucharadita de canela molida
- 1 cucharadita de polvo de maca
- 1/2 taza de agua
- 1/2 taza de leche de almendra, sin azúcar

Instrucciones:

1. En la licuadora, mezcla las espinacas con el plátano, los arándanos, la mantequilla de almendra, la canela, la maca en polvo, el agua y la leche.
2. Pulsa bien, vierte en un vaso y sirve. ¡Disfrute!

Nutrición: Calorías: 341 Grasa: 12 g Proteína: 10 g Carbohidratos: 54 g Fibra: 12 g

Batido de fresa y avena

Tiempo de preparación: 10 minutos

Tiempo de cocción: 0 minutos

Porciones: 1

Ingredientes:

- 1 taza de leche de soja
- 1/2 taza de copos de avena
- 1 plátano, roto en trozos
- 14 fresas congeladas
- 1/2 cucharadita de extracto de vainilla
- 1 1/2 cdta. de miel

Instrucciones:

1. Añade todo a la jarra de la licuadora.
2. Cubre la jarra con fuerza.
3. Mezclar hasta que esté suave. ¡Sirve y disfruta!

Nutrición: Calorías: 172 Grasa: 0.4 g Proteína: 5.6 g Carbohidratos: 8 g Fibra: 2 g

Batido de frambuesa y plátano

Tiempo de preparación: 10 minutos

Tiempo de cocción: 0 minutos

Porciones: 1

Ingredientes:

- 1 banana
- 16 almendras enteras
- 1/4 de taza de copos de avena
- 1 cucharada de harina de linaza
- 1 taza de frambuesas congeladas
- 1 taza de yogur de frambuesa
- 1/4 taza de jugo de uva Concord
- 1 taza de leche de almendra

Instrucciones:

1. Añade todo a la jarra de la licuadora.
2. Cubre la jarra con fuerza.
3. Mezclar hasta que esté suave y luego servir. ¡Disfrute!

Nutrición: Calorías: 214 Grasas: 0,4 g Proteínas: 5,6 g Carbohidratos: 8 g Fibra: 2,3 g

Batido de almendra y arándanos

Tiempo de preparación: 10 minutos

Tiempo de cocción: 0 minutos

Porciones: 1

Ingredientes:

- 1 taza de arándanos congelados
- 1 banana
- 1/2 taza de leche de almendra
- 1 cucharada de mantequilla de almendra
- Agua, según sea necesario

Instrucciones:

1. Añade todo a la jarra de la licuadora.
2. Cubre la jarra con fuerza.
3. Mezclar hasta que esté suave. ¡Sirve y disfruta!

Nutrición: Calorías: 211 Grasas: 0,2 g Proteínas: 5,6 g Carbohidratos: 3,4 g Fibra: 2,3 g

Batido de vainilla verde

Tiempo de preparación: 10 minutos

Tiempo de cocción: 0 minutos

Porciones: 1

Ingredientes:

- 1 plátano, cortado en trozos
- 1 taza de uvas
- 1 tina (6 oz.) de yogur de vainilla
- 1/2 manzana, sin corazón y picada
- 1 1/2 tazas de hojas de espinaca fresca

Instrucciones:

1. Añade todo a la jarra de la licuadora.
2. Cubre la jarra con fuerza.
3. Mezclar hasta que esté suave. ¡Sirve y disfruta!

Nutrición: Calorías: 131 Grasa: 0.2 g Proteína: 2.6 g Carbohidratos: 9.1 g Fibra: 1.3 g

Batido de frutas púrpura

Tiempo de preparación: 10 minutos

Tiempo de cocción: 0 minutos

Porciones: 1

Ingredientes:

- 2 plátanos congelados, cortados en trozos
- 1/2 taza de arándanos congelados
- 1 taza de jugo de naranja
- 1 cucharada de miel, opcional
- 1 cucharadita de extracto de vainilla, opcional

Instrucciones:

1. Añade todo a la jarra de la licuadora.
2. Cubre la jarra con fuerza.
3. Mezclar hasta que esté suave. ¡Sirve y disfruta!

Nutrición: Calorías: 133 Grasa: 1.1 g Proteína: 3.6 g Carbohidratos: 7.6 g Fibra: 1.3 g

Batido de vainilla y aguacate

Tiempo de preparación: 10 minutos

Tiempo de cocción: 0 minutos

Porciones: 1

Ingredientes:

- 1 aguacate maduro, cortado por la mitad y sin hueso
- 1 taza de leche de almendra
- 1/2 taza de yogur de vainilla
- 3 cucharadas de miel
- 8 cubos de hielo

Instrucciones:

1. Añade todo a la jarra de la licuadora.
2. Cubre la jarra con fuerza.
3. Mezclar hasta que esté suave. ¡Sirve y disfruta!

Nutrición: Calorías: 143 Grasa: 1.2 g Proteína: 4.6 g Carbohidratos: 21 g Fibra: 2.3 g

Batido de frutas triple

Tiempo de preparación: 10 minutos

Tiempo de cocción: 0 minutos

Porciones: 1

Ingredientes:

- 1 kiwi, en rodajas
- 1 plátano, pelado y picado
- 1/2 taza de arándanos
- 1 taza de fresas
- 1 taza de cubitos de hielo
- 1/2 taza de jugo de naranja
- 1 envase (8 onzas) de yogur de melocotón

Instrucciones:

1. Añade todo a la jarra de la licuadora.
2. Cubre la jarra con fuerza.
3. Mezclar hasta que esté suave. ¡Sirve y disfruta!

Nutrición: Calorías: 124 Grasa: 0.4 g Proteína: 5.6 g Carbohidratos: 8 g Fibra: 2.3 g

Batido de arce y melocotón

Tiempo de preparación: 10 minutos

Tiempo de cocción: 0 minutos

Porciones: 1

Ingredientes:

- 4 melocotones grandes, pelados y picados
- 2 cucharadas de jarabe de arce
- 1 taza de yogur sin grasa
- 1 taza de hielo

Instrucciones:

1. Añade todo a la jarra de la licuadora.
2. Cubre la jarra con fuerza.
3. Mezclar hasta que esté suave. ¡Sirve y disfruta!

Nutrición: Calorías: 125 Grasa: 0.4 g Proteína: 5.6 g Carbohidratos: 8 g Fibra: 2.3 g

Batido rosa de California

Tiempo de preparación: 10 minutos

Tiempo de cocción: 0 minutos

Porciones: 1

Ingredientes:

- 7 fresas grandes
- 1 envase (8 onzas) de yogur de limón
- 1/3 taza de jugo de naranja

Dirección:

1. Añade todo a la jarra de la licuadora.
2. Cubre la jarra con fuerza.
3. Mezclar hasta que esté suave. ¡Sirve y disfruta!

Nutrición: Calorías: 144 Grasa: 0.4 g Proteína: 5.6 g Carbohidratos: 8 g Fibra: 2.3 g

y cúrcuma de naranja

Tiempo de preparación: 5 minutos

Tiempo de cocción: 0 minutos

Porciones: 2

Ingredientes:

- 2 zanahorias, peladas, picadas
- 1 taza de jugo de naranja
- Una rodaja de jengibre de 1/2 pulgada
- 2 cucharadas de azúcar
- 1 cucharada de jugo de limón
- 1/4 cucharadita de polvo de cúrcuma

Dirección:

1. En una licuadora, agregue jugo de naranja, azúcar, polvo de cúrcuma, zanahorias y jugo de limón. Mezclar bien.
2. Viértelo en los vasos de servir. ¡Sirve y disfruta!

Nutrición: Calorías: 153 kcal Proteína: 4,47 g Grasa: 3,3 g Carbohidratos: 27.02 g

TURMERIC JUICE
carrot citrus

Voluptuosa bebida caliente de vainilla

Tiempo de preparación: 10 minutos

Tiempo de cocción: 0 minutos

Porciones: 1

Ingredientes:

- 3 tazas de leche de almendra sin azúcar (o 1 1/2 taza de leche de coco entera + 1 1/2 tazas
- agua)
- Stevia al gusto
- 1 cucharada de proteína de cáñamo
- 1/2 cucharada de canela molida (o más a gusto)
- 1/2 cucharada de extracto de vainilla

Instrucciones:

1. Ponga la leche de almendras en una jarra. Coloca la canela molida, el cáñamo y el extracto de vainilla en una pequeña cacerola a fuego medio-alto. Calentar hasta que la stevia líquida pura se derrita y luego verter la mezcla de stevia líquida pura en la jarra.
2. Revuelva hasta que la stevia líquida pura se combine bien con la leche de almendras. Ponga la jarra en la nevera y déjela enfriar durante al menos dos horas. Revuelva bien antes de servir.

Nutrición: Calorías: 656 kcal Proteína: 42,12 g Grasa: 33,05 g Carbohidratos: 44.45 g

RECETAS DE MARISCOS

Comida de pescado con judías al horno

Tiempo de preparación: 10 minutos

Tiempo de cocción: 10 minutos

Porciones: 4

Tamaño/Porción: 1 onza

Ingredientes:

- 1 cucharada de vinagre balsámico

- 2 ½ tazas de judías verdes

- 1 pinta de tomates cereza o uva

- 4 (4 onzas cada uno) filetes de pescado, como el bacalao o la tilapia

- 2 cucharadas de aceite de oliva

Instrucciones:

1. Precalentar un horno a 400 grados. Engrasar dos hojas de hornear con un poco de aceite de oliva o un spray de aceite de oliva. Disponga 2 filetes de pescado en cada hoja. En un recipiente para mezclar, vierta el aceite de oliva y el vinagre. Combínelos para que se mezclen bien entre sí.

2. Mezclar judías verdes y tomates. Combínelos para que se mezclen bien entre sí. Combinar ambas mezclas bien

entre sí. Añada la mezcla por igual sobre los filetes de pescado. Hornee durante 6-8 minutos, hasta que el pescado esté opaco y sea fácil de desmenuzar. Servir caliente.

Nutrición: 229 Calorías 13g Grasa 2.5g Proteína

Guiso de champiñones y bacalao

Tiempo de preparación: 10 minutos

Tiempo de cocción: 20 minutos

Porciones: 6

Tamaño/ Porción: 2 tazas

Ingredientes:

- 2 cucharadas de aceite de oliva extra virgen

- 2 dientes de ajo, picados

- 1 lata de tomate

- 2 tazas de cebolla picada

- ¾ cucharadita de pimentón ahumado

- un tarro de pimientos rojos asados (12 onzas)

- 1/3 taza de vino tinto seco

- ¼ cucharadita de sal kosher o sal marina

- ¼ cucharadita de pimienta negra

- 1 taza de aceitunas negras

- 1 ½ libras de filetes de bacalao, cortados en trozos de 1 pulgada

- 3 tazas de champiñones en rodajas

Instrucciones:

1. Consigue una olla mediana y grande, calienta el aceite a fuego medio. Añada las cebollas y cocine durante 4 minutos.

2. Añade el ajo y el pimentón ahumado; cocina durante 1 minuto, revolviendo a menudo. Añada los tomates con su jugo, los pimientos asados, las aceitunas, el vino, la pimienta y la sal; revuelva suavemente.

3. Mezcla hervida. Añade el bacalao y los hongos; baja el fuego a medio. Cierre y cocine hasta que el bacalao sea fácil de desmenuzar, revuelva en el medio. Sirva caliente.

Nutrición: 238 Calorías 7g Grasa 3.5g Proteína

Pez espada con especias

Tiempo de preparación: 10 minutos

Tiempo de cocción: 15 minutos

Porciones: 4

Tamaño/Porción: 7 onzas

Ingredientes:

- 4 (7 onzas cada uno) filetes de pez espada

- 1/2 cucharadita de pimienta negra molida

- 12 dientes de ajo, pelados

- 3/4 de cucharadita de sal

- 1 1/2 cucharadita de comino molido

- 1 cucharadita de pimentón

- 1 cucharadita de cilantro

- 3 cucharadas de jugo de limón

- 1/3 taza de aceite de oliva

Instrucciones:

1. Toma una licuadora o procesador de alimentos, abre la tapa y añade todos los ingredientes excepto el pez espada. Cierra la tapa y licúa para hacer una mezcla suave. Seca los filetes de pescado; cúbrelos uniformemente con la mezcla de especias preparada.

2. Añádelos sobre un papel de aluminio, cúbrelos y ponlos en el refrigerador durante 1 hora. Precalentar una sartén a fuego alto, verter el aceite y calentarla. Añada los filetes de pescado; revuelva durante 5-6 minutos por cada lado hasta que estén bien cocidos y dorados uniformemente. Sirva caliente.

Nutrición: 255 Calorías 12g Grasa 0.5g Proteína

grab your fork

La manía de la pasta de anchoas

Tiempo de preparación: 10 minutos

Tiempo de cocción: 20 minutos

Porciones: 4

Tamaño/Porción: 1 filete

Ingredientes:

- 4 filetes de anchoa, envasados en aceite de oliva

- ½ libra de brócoli, cortado en ramilletes de 1 pulgada

- 2 dientes de ajo, en rodajas

- Penne de trigo integral de una libra

- 2 cucharadas de aceite de oliva

- ¼ taza de queso parmesano, rallado

- Sal y pimienta negra, a gusto

- Hojuelas de pimiento rojo, a gusto

Instrucciones:

1. Cocine la pasta como se indica en el paquete; escúrrala y déjela a un lado. Tome una cacerola o sartén mediana, añada aceite. Calentar a fuego medio.

2. Añade las anchoas, el brócoli y el ajo, y cocina hasta que las verduras se ablanden durante 4-5 minutos. Quita el fuego y mezcla la pasta. Servir caliente con queso

parmesano, hojuelas de pimienta roja, sal y pimienta negra espolvoreada por encima.

Nutrición: 328 Calorías 8g Grasa 7g Proteína

Camarones Ajo Pasta

Tiempo de preparación: 10 minutos

Tiempo de cocción: 15 minutos

Porciones: 4

Tamaño/ Porción: 2 onzas

Ingredientes:

- Camarones de una libra

- 3 dientes de ajo, picados

- 1 cebolla, finamente picada

- 1 paquete de pasta integral o de frijoles

- 4 cucharadas de aceite de oliva

- Sal y pimienta negra, a gusto

- ¼ taza de albahaca, cortada en tiras

- ¾ taza de caldo de pollo, bajo en sodio

Instrucciones:

1. Cocine la pasta como se indica en el paquete, enjuague y deje a un lado. Coge una cacerola mediana, añade aceite y calienta a fuego medio. Añada la cebolla, el ajo y cocine hasta que se vuelva translúcido y fragante durante 3 minutos.

2. Añada los camarones, la pimienta negra (molida) y la sal; cocine durante 3 minutos hasta que los camarones

estén opacos. Añadir el caldo y cocer a fuego lento durante 2-3 minutos más. Añadir la pasta en los platos de servir; añadir la mezcla de camarones encima; servir caliente con albahaca encima.

Nutrición: 605 Calorías 17g Grasa 19g Proteína

Salmón en vinagre y miel

Tiempo de preparación: 10 minutos

Tiempo de cocción: 5 minutos

Porciones: 4

Tamaño/ Porción: 8 onzas

Ingredientes:

- 4 filetes de salmón (8 onzas)

- 1/2 taza de vinagre balsámico

- 1 cucharada de miel

- Pimienta negra y sal, a gusto

- 1 cucharada de aceite de oliva

Instrucciones:

1. Combina la miel y el vinagre. Combinar para mezclar bien entre sí.

2. Sazonar los filetes de pescado con pimienta negra (molida) y sal marina; pincelar con glaseado de miel. Tome una cacerola o sartén mediana, añada aceite.

3. Calor a fuego medio. Añada los filetes de salmón y cocínelos hasta que estén medianamente cocidos en el centro y ligeramente dorados durante 3-4 minutos por cada lado. Sirva caliente.

Nutrición: 481 Calorías 16g Grasa 1.5g Proteína

Comida de pescado a la naranja

Tiempo de preparación: 10 minutos

Tiempo de cocción: 5 minutos

Porciones: 4

Tamaño/Porción: 4 onzas

Ingredientes:

- ¼ cucharadita de sal kosher o sal marina

- 1 cucharada de aceite de oliva extra virgen

- 1 cucharada de jugo de naranja

- 4 (4 onzas) filetes de tilapia, con o sin piel

- ¼ taza de cebolla roja picada

- 1 aguacate, deshuesado, sin piel y cortado en rebanadas

Instrucciones:

1. Tome una bandeja para hornear de 9 pulgadas; añada aceite de oliva, jugo de naranja y sal. Mezcle bien. Añada los filetes de pescado y cúbralos bien.

2. Añade cebollas sobre los filetes de pescado. Cubrir con un plástico. Poner en el microondas durante 3 minutos hasta que el pescado esté bien cocido y sea fácil de desmenuzar. Servir caliente con aguacate en rodajas encima.

Nutrición: 231 Calorías 9g Grasa 2.5g Proteína

Camarones Zoodles

Tiempo de preparación: 10 minutos

Tiempo de cocción: 5 minutos

Porciones: 2

Tamaño/ Porción: 2 onzas

Ingredientes:

- 2 cucharadas de perejil picado

- 2 cucharaditas de ajo picado

- 1 cucharadita de sal

- ½ cucharadita de pimienta negra

- 2 calabacines medianos, en espiral

- 3/4 libras de camarones medianos, pelados y desvenados

- 1 cucharada de aceite de oliva

- 1 limón, jugado y rallado

Instrucciones:

1. Tome una cacerola o sartén mediana, añada aceite, jugo de limón, cáscara de limón. Calentar a fuego medio. Añada los camarones y cocine 1 minuto por cada lado.

2. Saltee el ajo y las hojuelas de pimiento rojo durante 1 minuto más. Añade los Zoodles y revuelve suavemente; cocina durante 3 minutos hasta que estén

cocidos a satisfacción. Sazone bien, sirva caliente con perejil por encima.

Nutrición: 329 Calorías 12g Grasa 3g Proteína

pinkwhen

Comida de trucha con espárragos

Tiempo de preparación: 10 minutos

Tiempo de cocción: 20 minutos

Porciones: 4

Tamaño/ Porción: ½ filetes

Ingredientes:

- 2 libras de filetes de trucha

- Espárragos de una libra

- 1 cucharada de aceite de oliva

- 1 diente de ajo, finamente picado

- Un cebollín, cortado en rodajas finas

- 4 papas medianas doradas

- 2 tomates Roma, picados

- 8 aceitunas kalamata sin hueso, picadas

- 1 zanahoria grande, en rodajas finas

- 2 cucharadas de perejil seco

- ¼ taza de comino molido

- 2 cucharadas de pimentón

- 1 cucharada de caldo vegetal de condimento

- ½ taza de vino blanco seco

Instrucciones:

1. En un recipiente para mezclar, añada los filetes de pescado, la pimienta blanca y la sal. Combínelos para que se mezclen bien entre sí. Coge una cacerola o sartén mediana, añade aceite.

2. Calor a fuego medio. Añada los espárragos, las patatas, el ajo, la parte blanca del cebollino y cocine hasta que se ablanden durante 4-5 minutos. Añadir los tomates, la zanahoria y las aceitunas, y cocer durante 6-7 minutos hasta que se ablanden. Añada el comino, el pimentón, el perejil, el condimento para el caldo y la sal. Revuelva bien la mezcla.

3. Mezclar con vino blanco y filetes de pescado. A fuego lento, cubra y cocine a fuego lento la mezcla durante unos 6 minutos hasta que el pescado sea fácil de desmenuzar, revuelva entremedio. Sirva caliente con cebolletas verdes encima.

Nutrición: 303 Calorías 17g Grasa 6g Proteína

Atún de oliva de col rizada

Tiempo de preparación: 10 minutos

Tiempo de cocción: 15 minutos

Porciones: 6

Tamaño/Porción: 1 onza

Ingredientes:

- 1 taza de cebolla picada

- 3 dientes de ajo, picados

- Una lata de 2,25 onzas de aceitunas en rodajas

- Una col rizada de una libra, picada

- 3 cucharadas de aceite de oliva extra virgen

- ¼ alcaparras de copa

- ¼ cucharadita de pimienta roja triturada

- 2 cucharaditas de azúcar

- 1 lata de 15 onzas de frijoles cannellini

- 2 latas de 6 onzas de atún en aceite de oliva, sin escurrir.

- ¼ cucharadita de pimienta negra

- ¼ cucharadita de sal kosher o sal marina

Instrucciones:

1. Remoje la col rizada en agua hirviendo durante 2 minutos; escúrrala y déjela a un lado. Tome una olla mediana o una olla de caldo, caliente el aceite a fuego medio.

2. Añade la cebolla y remuévela hasta que se vuelva translúcida y se ablande. Añada el ajo y cocine hasta que esté fragante durante 1 minuto.

3. Añade las aceitunas, las alcaparras y el pimiento rojo, y cocina durante un minuto. Mezclar con la col rizada cocida y el azúcar. A fuego lento, cubra y cocine la mezcla a fuego lento durante unos 8-10 minutos, revolviendo entre ellos.

4. Añade el atún, los frijoles, la pimienta y la sal. Revuelva bien y sirva caliente.

Nutrición: 242 Calorías 11g Grasa 7g Proteína

Camarones al romero

Tiempo de preparación: 10 minutos

Tiempo de cocción: 10 minutos

Porciones: 6

Tamaño/ Porción: ¼ onza

Ingredientes:

- 1 naranja grande, con cáscara y pelada

- 3 dientes de ajo, picados

- 1 ½ libras de camarones crudos, sin cáscara y sin cola

- 3 cucharadas de aceite de oliva

- 1 cucharada de tomillo picado

- 1 cucharada de romero picado

- ¼ cucharadita de pimienta negra

- ¼ cucharadita de sal kosher o sal marina

Instrucciones:

1. Tome una bolsa de plástico con cierre, añada cáscara de naranja, camarones, 2 cucharadas de aceite de oliva, ajo, tomillo, romero, sal y pimienta negra. Agítelo bien y déjelo marinar durante 5 minutos.

2. Tome una cacerola o sartén mediana, añada una cucharada de aceite de oliva. Calentar a fuego medio.

Añada los camarones y cocine por 2-3 minutos por cada lado hasta que estén totalmente rosados y opacos.

3. Cortar la naranja en trozos del tamaño de un bocado y añadirlos a un plato de servir. Añada los camarones y combine bien. Servir fresco.

Nutrición: 187 Calorías 7g Grasa 0.5g Proteína

Espárragos Salmón

Tiempo de preparación: 10 minutos

Tiempo de cocción: 15 minutos

Porciones: 2

Tamaño/Porción: 1 filete

Ingredientes:

- Espárragos en racimos de 8,8 onzas

- 2 pequeños filetes de salmón

- 1 ½ cucharadita de sal

- 1 cucharadita de pimienta negra

- 1 cucharada de aceite de oliva

- 1 taza de salsa holandesa, baja en carbohidratos

Instrucciones:

1. Sazona bien los filetes de salmón. Tome una cacerola o sartén mediana, añada aceite. Calentar a fuego medio.

2. Añada los filetes de salmón y cocínelos hasta que estén bien cocidos durante 4-5 minutos por cada lado. Añada los espárragos y cocine por 4-5 minutos más. Servir caliente con salsa holandesa encima.

Nutrición: 565 Calorías 7g Grasa 2.5g Proteína

Ensalada de nuez de atún

Tiempo de preparación: 10 minutos

Tiempo de cocción: 0 minutos

Porciones: 4

Tamaño/ Porción: 2 onzas

Ingredientes:

- 1 cucharada de estragón picado

- Un tallo de apio, cortado y finamente picado

- 1 chalote mediano, cortado en cubos

- 3 cucharadas de cebollino picado

- 1 lata de atún de 5 onzas (cubierta de aceite de oliva)

- 1 cucharadita de mostaza de Dijon

- 2-3 cucharadas de mayonesa

- 1/4 de cucharadita de sal

- 1/8 de cucharadita de pimienta

- 1/4 de taza de piñones, tostados

Instrucciones:

1. En una gran ensaladera, añade atún, chalota, cebollino, estragón y apio. Combínelos para que se mezclen bien entre sí. En un tazón de mezclar, agregue mayonesa, mostaza, sal y pimienta negra.

2. Combínense para mezclarse bien entre sí. Añada la mezcla de mayonesa a la ensaladera; mézclela bien para combinarla. Añada los piñones y mezcle de nuevo. Servir fresco.

Nutrición: 236 Calorías 14g Grasa 1g Proteína

Sopa de camarones cremosos

Tiempo de preparación: 10 minutos

Tiempo de cocción: 35 minutos

Porciones: 6

Tamaño/ Porción: 2 tazas

Ingredientes:

- Camarones medianos de 1 libra

- Un puerro, tanto el blanco como el verde claro, cortado en rodajas

- 1 bulbo de hinojo mediano, picado

- 2 cucharadas de aceite de oliva

- 3 tallos de apio, picados

- 1 diente de ajo, picado

- Sal marina y pimienta molida a gusto

- 4 tazas de caldo de verduras o de pollo

- 1 cucharada de semillas de hinojo

- 2 cucharadas de crema ligera

- Jugo de 1 limón

Instrucciones:

1. Coge una olla mediana o un horno holandés, calienta el aceite a fuego medio. Añade el apio, el puerro y el hinojo y cocina durante unos 15 minutos, hasta que las verduras se ablanden y se doren. Añada el ajo; sazone con pimienta negra y sal marina a gusto. Añadir las semillas de hinojo y remover.

2. Vierta el caldo y póngalo a hervir. A fuego lento, cocine la mezcla durante unos 20 minutos, revolviendo entre ellos. Añada los camarones y cocine hasta que estén rosados por 3 minutos. Mezclar con la crema y el jugo de limón; servir caliente.

Nutrición: 174 Calorías 5g Grasa 2g Proteína

Salmón condimentado con quinoa vegetal

Tiempo de preparación: 30 minutos

Tiempo de cocción: 10 minutos

Porciones: 4

Tamaño/Porción: 5 onzas

Ingredientes:

- 1 taza de quinoa sin cocer

- 1 cucharadita de sal, dividida por la mitad

- ¾ pepinos de taza, sin semillas, cortados en cubos

- 1 taza de tomates cherry, cortados por la mitad

- ¼ taza de cebolla roja, picada

- 4 hojas de albahaca fresca, cortadas en rodajas finas

- La cáscara de un limón

- ¼ cucharadita de pimienta negra

- 1 cucharadita de comino

- ½ cucharadita de pimentón

- 4 (5-oz.) filetes de salmón

- 8 gajos de limón

- ¼ taza de perejil fresco, picado

Instrucciones:

1. En una cacerola de tamaño mediano, agregue la quinua, 2 tazas de agua y ½ cucharaditas de sal. Caliéntelas hasta que el agua esté hirviendo, luego baje la temperatura hasta que esté hirviendo a fuego lento. Cubrir la cacerola y dejarla cocer 20 minutos o el tiempo que indique el paquete de quinoa. Apaguen el quemador debajo de la quinoa y déjenla reposar, cubierta, por lo menos otros 5 minutos antes de servirla.

2. Justo antes de servir, agregue la cebolla, los tomates, los pepinos, las hojas de albahaca y la cáscara de limón a la quinoa y use una cuchara para mezclar todo suavemente. Mientras tanto (mientras se cocina la quinoa), preparen el salmón. Encienda la parrilla del horno a la altura y asegúrese de que haya una rejilla en la parte inferior del horno. En un bol pequeño, agreguen los siguientes componentes: pimienta negra, ½ cucharadita de sal, comino y pimentón. Remuévalos juntos.

3. Coloca papel de aluminio sobre una hoja de vidrio o aluminio para hornear, y luego rocíalo con spray antiadherente de cocina. Coloca los filetes de salmón en el papel de aluminio. Frota la mezcla de especias sobre cada filete (aproximadamente ½ cucharaditas de la mezcla de especias por filete). Añade los trozos de limón a los bordes de la bandeja cerca del salmón.

4. Cocina el salmón bajo la parrilla durante 8-10 minutos. Su objetivo es que el salmón se desprenda fácilmente

con un tenedor. Espolvorea el salmón con el perejil, luego sírvelo con las rodajas de limón y el perejil vegetal. ¡Que aproveche!

Nutrición: 385 Calorías 12.5g Grasa 35.5g Proteína

Bacalao al horno con verduras

Tiempo de preparación: 15 minutos

Tiempo de cocción: 25 minutos

Porción: 2

Tamaño/ Porción: 2 piezas

Ingredientes:

- Un filete de bacalao de 454 g de grosor, cortado en 4 porciones iguales.

- ¼ cucharadita de polvo de cebolla (opcional)

- ¼ cucharadita de pimentón

- 3 cucharadas de aceite de oliva extra virgen

- 4 cebollas medianas

- ½ taza de albahaca fresca picada, dividida

- 3 cucharadas de ajo picado (opcional)

- 2 cucharaditas de sal

- 2 cucharaditas de pimienta negra recién molida

- ¼ cucharadita de mejorana seca (opcional)

- 6 rodajas de tomate secadas al sol

- ½ taza de vino blanco seco

- ½ taza de queso feta desmoronado

- 1 lata (15 onzas / 425 g) de corazones de alcachofa llenos de aceite, escurridos

- 1 limón, en rodajas

- 1 taza de aceitunas kalamata sin hueso

- 1 cucharadita de alcaparras (opcional)

- 4 papas rojas pequeñas, en cuartos

Dirección:

1. Ponga el horno a 190°C.

2. Sazone el pescado con pimentón y cebolla en polvo (si lo desea).

3. Calienta una sartén de horno a fuego medio y dora la parte superior del bacalao durante un minuto hasta que se dore. Déjelo a un lado.

4. Calienta el aceite de oliva en la misma sartén a fuego medio. Añada las cebolletas, ¼ taza de albahaca, ajo (si lo desea), sal, pimienta, mejorana (si lo desea), rodajas de tomate y vino blanco y revuelva para combinar. Hervir y luego retirar del fuego.

5. Esparcir uniformemente la salsa en el fondo de la sartén. Coloca el bacalao sobre la salsa de tomate y albahaca y espárcelo con queso feta. Coloca las alcachofas en la sartén y cubre con las rodajas de limón.

6. Esparcir con las aceitunas, alcaparras (si se desea), y el resto ¼ taza de albahaca. Sáquenlas del calor y

transfiéranlas al horno precalentado. Hornee durante 15 a 20 minutos

7. Mientras tanto, coloque las patatas cortadas en cuartos en una bandeja de hornear o envueltas en papel de aluminio. Hornee en el horno durante 15 minutos.

8. Enfriar durante 5 minutos antes de servir.

Nutrición: 1168 calorías 60g de grasa 64g de proteína

Salmón de cocción lenta en papel de aluminio

Tiempo de preparación: 5 minutos

Tiempo de cocción: 2 horas

Porción: 2

Tamaño/Porción: 6 onzas

Ingredientes:

- 2 filetes de salmón (6 onzas / 170 g)

- 1 cucharada de aceite de oliva

- 2 dientes de ajo, picados

- ½ cucharada de jugo de lima

- 1 cucharadita de perejil fresco finamente picado

- ¼ cucharadita de pimienta negra

Dirección

1. Extienda un trozo de papel de aluminio sobre una superficie de trabajo y coloque los filetes de salmón en el centro.

2. Mezcla aceite de oliva, ajo, jugo de limón, perejil y pimienta negra. Cepille la mezcla sobre los filetes. Doblar el papel de aluminio y doblar los lados para hacer un paquete.

3. Ponga el paquete en la olla de cocción lenta, cúbralo y cocínelo a fuego alto durante 2 horas.

4. Servir caliente.

Nutrición: 446 calorías 21g de grasa 65g de proteína

Salmón Dill Chutney

Tiempo de preparación: 5 minutos

Tiempo de cocción: 3 minutos

Porción: 2

Tamaño/Porción: 1 filete

Ingredientes:

Chutney:

- ¼ taza de eneldo fresco
- ¼ taza de aceite de oliva extra virgen
- Jugo de ½ limón
- Sal marina, a gusto

Peces:

- 2 tazas de agua
- 2 filetes de salmón
- Jugo de ½ limón
- ¼ cucharadita de pimentón
- Sal y pimienta recién molida a gusto

Dirección:

1. Pulsa todos los ingredientes del chutney en un procesador de alimentos hasta que esté cremoso. Ponlo a un lado.

2. Añade la cesta de agua y vapor al Instant Pot. Coloque los filetes de salmón, con la piel hacia abajo, en la cesta del vapor. Rocíe el jugo de limón sobre el salmón y espolvoree con el pimentón.

3. Asegure la tapa. Seleccione el modo manual y establezca el tiempo de cocción durante 3 minutos a alta presión.

4. Una vez que la cocción se haya completado, haga una rápida liberación de la presión. Abra la tapa con cuidado.

5. Sazone los filetes con pimienta y sal a gusto. Sirva con el chutney de eneldo.

Nutrición: 636 calorías 41g de grasa 65g de proteína

Salmón y espárragos con mantequilla de ajo y parmesano

Tiempo de preparación: 10 minutos

Tiempo de cocción: 15 minutos

Porción: 2

Tamaño/Porción: 1 filete

Ingredientes:

- 2 filetes de salmón de 6 onzas / 170 g, con piel y secos.

- Sal rosa del Himalaya

- Pimienta negra recién molida, a gusto

- 454 g de espárragos frescos, con los extremos rotos.

- 3 cucharadas de mantequilla de almendra

- 2 dientes de ajo, picados

- ¼ taza de queso parmesano rallado

Dirección:

1. Prepara el horno a 205°C. Forrar una bandeja de hornear con papel de aluminio.

2. Sazona ambos lados de los filetes de salmón.

3. Coloca el salmón en el medio de la bandeja de hornear y coloca los espárragos alrededor del salmón.

4. Calienta la mantequilla de almendra en una pequeña cacerola a fuego medio.

5. Cocinar el ajo picado

6. Rocíe la salsa de mantequilla de ajo sobre el salmón y los espárragos y esparza el queso parmesano encima.

7. Hornee en el horno precalentado durante unos 12 minutos. Puedes cambiar el horno a la parrilla al final del tiempo de cocción durante unos 3 minutos para conseguir un buen asado en los espárragos.

8. Deje enfriar durante 5 minutos antes de servir.

Nutrición: 435 calorías 26g de grasa 42g de proteína

Limón, romero, Branzino tostado

Tiempo de preparación: 15 minutos

Tiempo de cocción: 30 minutos

Porción: 2

Tamaño/Porción: 1 filete

Ingredientes:

- 4 cucharadas de aceite de oliva extra virgen, divididas
- 2 filetes de Branzino (8 onzas)
- 1 diente de ajo, picado
- 1 manojo de cebolletas
- 10 a 12 pequeños tomates cherry, cortados por la mitad
- 1 zanahoria grande, cortada en rondas de ¼ pulgadas
- ½ taza de vino blanco seco
- 2 cucharadas de pimentón
- 2 cucharaditas de sal kosher
- ½ cucharada de chile molido
- 2 ramitas de romero o 1 cucharada de romero seco
- 1 limón pequeño, cortado en rodajas finas
- ½ taza de aceitunas kalamata deshuesadas en rodajas

Dirección:

1. Calienta una gran sartén de horno a fuego alto hasta que esté caliente, unos 2 minutos. Añade una cucharada de aceite de oliva y calienta

2. Añade los filetes de Branzino, con la piel hacia arriba, y sírvelos durante 2 minutos. Voltear los filetes y cocinar. Poner a un lado.

3. Remueve 2 cucharadas de aceite de oliva alrededor de la sartén para cubrir uniformemente.

4. Añade el ajo, las cebolletas, los tomates y la zanahoria y saltéalos durante 5 minutos.

5. Añade el vino, revolviendo hasta que todos los ingredientes estén bien combinados. Coloca con cuidado el pescado sobre la salsa.

6. Precalentar el horno a 235ºC.

7. Pintar los filetes con la cucharada de accitc de oliva restante y sazonar con pimentón, sal y pimienta. Cubrir cada filete con una ramita de romero y rodajas de limón. Esparcir las aceitunas sobre el pescado y alrededor de la sarten.

8. Asar durante unos 10 minutos hasta que las rodajas de limón estén doradas. Servir caliente.

Nutrición: 724 calorías 43g de grasa 57g de proteína

Salmón al pesto de limón a la parrilla

Tiempo de preparación: 5 minutos

Tiempo de cocción: 10 minutos

Porción: 2

Tamaño/Porción: 5 onzas

Ingredientes:

- 10 onzas (283 g) de filete de salmón

- 2 cucharadas de salsa pesto preparada

- 1 limón fresco grande, cortado en rodajas

- Spray de cocina

Dirección:

1. Precaliente la parrilla a fuego medio-alto. Rocíe las rejillas de la parrilla con spray de cocina.

2. Sazona bien el salmón. Esparce la salsa pesto por encima.

3. Haga un lecho de rodajas de limón fresco del mismo tamaño que el filete de salmón en la parrilla caliente y coloque el salmón encima de las rodajas de limón. Ponga cualquier otra rodaja de limón encima del salmón.

4. Asa el salmón durante 10 minutos.

5. Servir caliente.

Nutrición: 316 calorías 21g de grasa 29g de proteína

Trucha al vapor con corteza de hierbas de limón

Tiempo de preparación: 10 minutos

Tiempo de cocción: 15 minutos

Porción: 2

Tamaño/Porción: 1 pieza

Ingredientes:

- 3 cucharadas de aceite de oliva

- 3 dientes de ajo, picados

- 2 cucharadas de jugo de limón fresco

- 1 cucharada de menta fresca picada

- 1 cucharada de perejil fresco picado

- ¼ cucharadita de tomillo seco molido

- 1 cucharadita de sal marina

- 1 libra (454 g) de trucha fresca (2 piezas)

- 2 tazas de caldo de pescado

Dirección:

1. Mezcla aceite de oliva, ajo, jugo de limón, menta, perejil, tomillo y sal. Cepillar el adobo sobre el pescado.

2. Inserte un trípode en el Instant Pot. Rellene la reserva de pescado y coloque el pescado en el trébol.

3. Asegure la tapa. Seleccione el modo de Vapor y establezca el tiempo de cocción durante 15 minutos a Alta Presión.

4. Una vez que la cocción se haya completado, haga una rápida liberación de la presión. Abra la tapa con cuidado. Sirva caliente.

Nutrición: 477 calorías 30g de grasa 52g de proteína

Trucha asada rellena de vegetales

Tiempo de preparación: 10 minutos

Tiempo de cocción: 25 minutos

Porción: 2

Tamaño/ Porción: 8 onzas

Ingrediente:

- 2 filetes de trucha enteros (8 onzas)

- 1 cucharada de aceite de oliva extra virgen

- ¼ cucharadita de sal

- 1/8 de cucharadita de pimienta negra

- 1 cebolla pequeña, en rodajas finas

- ½ pimiento rojo

- 1 chile poblano

- 2 o 3 setas shiitake, en rodajas

- 1 limón, en rodajas

Dirección:

1. Ponga el horno a 425°F (220°C). Cubrir la bandeja de hornear con spray de cocina antiadherente.

2. Frota los dos filetes de trucha, por dentro y por fuera, con el aceite de oliva. Sazonar con sal y pimienta.

3. Mezcla la cebolla, el pimiento, el chile poblano y los champiñones en un tazón grande. Rellene la mitad de esta mezcla en la cavidad de cada filete. Cubrir la mezcla con 2 o 3 rodajas de limón dentro de cada filete.

4. Coloca el pescado en la bandeja de hornear preparada, uno al lado del otro. Ase en el horno precalentado durante 25 minutos

5. Sacar del horno y servir en un plato.

Nutrición: 453 calorías 22g de grasa 49g de proteína

Trucha con limón y chalotas caramelizadas

Tiempo de preparación: 10 minutos

Tiempo de cocción: 20 minutos

Porción: 2

Tamaño/Porción: 4 onzas

Ingredientes:

Chalotas:

- 1 cucharadita de mantequilla de almendra

- 2 chalotas, cortadas finamente

- Sal de chorro...

Trucha:

- 1 cucharada de mantequilla de almendra

- 2 filetes de trucha (4 onzas / 113 g)

- 3 cucharadas de alcaparras

- ¼ taza de jugo de limón recién exprimido

- ¼ cucharadita de sal

- Rociar con pimienta negra recién molida

- 1 limón, en rodajas finas

Dirección:

Para las chalotas

1. Coloca la sartén a fuego medio, cocina la mantequilla, los chalotes y la sal durante 20 minutos, revolviendo cada 5 minutos.

Para la trucha

2. Mientras tanto, en otra sartén grande a fuego medio, calienta una cucharadita de mantequilla de almendra.

3. Añada los filetes de trucha y cocine cada lado durante 3 minutos, o hasta que se escamen. Páselos a un plato y déjelos a un lado.

4. En la sartén que se usa para la trucha, se mezclan las alcaparras, el jugo de limón, la sal y la pimienta, y luego se hierve a fuego lento. Bata la cucharada restante de mantequilla de almendra. Poner la salsa sobre el pescado.

5. Adorne el pescado con las rodajas de limón y chalotas caramelizadas antes de servirlo.

Nutrición: 344 calorías 18g de grasa 21g de proteína

Easy Tomato Tuna Melts

Tiempo de preparación: 5 minutos

Tiempo de cocción: 4 minutos

Porción: 2

Tamaño/ Porción: 2.5 onzas

Ingredientes:

- 1 lata de 5 onzas de atún ligero envasado en agua

- 2 cucharadas de yogur griego natural

- 2 cucharadas de apio finamente picado

- 1 cucharada de cebolla roja finamente picada

- 2 cucharaditas de jugo de limón recién exprimido

- 1 tomate grande, cortado en rondas de ¾ pulgadas de espesor

- ½ taza de queso Cheddar rallado

Dirección:

1. Precaliente la parrilla a alta.

2. Revuelva el atún, el yogur, el apio, la cebolla roja, el jugo de limón y la pimienta de cayena en un tazón mediano.

3. Coloca las rodajas de tomate en una bandeja para hornear. Cubrir cada una con un poco de ensalada de atún y queso Cheddar.

4. Asar a la parrilla durante 3 o 4 minutos hasta que el queso se derrita y haga burbujas. Enfriar durante 5 minutos antes de servir.

Nutrición: 244 calorías 10g de grasa 30g de proteína

y judías verdes

Tiempo de preparación: 10 minutos

Tiempo de cocción: 10 minutos

Porción: 2

Tamaño/ Porción: 2 tazas

Ingredientes:

- 2 tazas de judías verdes
- 1 cucharada de aceite de aguacate
- 2 filetes de caballa
- 4 tazas de ensalada mixta de verduras
- 2 huevos duros, en rodajas
- 1 aguacate, en rodajas
- 2 cucharadas de jugo de limón
- 2 cucharadas de aceite de oliva
- 1 cucharadita de mostaza de Dijon
- Sal y pimienta negra, a gusto

Dirección:

1. Cocina las judías verdes en una olla con agua hirviendo durante unos 3 minutos. Escurrirlas y reservarlas.

2. Derretir el aceite de aguacate en una sartén a fuego medio. Añada los filetes de caballa y cocine cada lado durante 4 minutos.

3. Dividir las verduras entre dos ensaladeras. Cubrir con la caballa, el huevo en rodajas y las rodajas de aguacate.

4. Azota el jugo de limón, el aceite de oliva, la mostaza, la sal y la pimienta, y rocía la ensalada. Añadir las judías verdes cocidas y mezclarlas para combinarlas, y luego servir.

Nutrición: 737 calorías 57g de grasa 34g de proteína

Lubina con corteza de avellana

Tiempo de preparación: 10 minutos

Tiempo de cocción: 15 minutos

Porción: 2

Tamaño/Porción: 1 filete

Ingredientes:

- 2 cucharadas de mantequilla de almendra

- 2 filetes de lubina

- 1/3 taza de avellanas tostadas

- Una pizca de pimienta de cayena

Dirección

1. Prepara el horno a 425ºF (220ºC). Forrar una bandeja de hornear con papel encerado.

2. Ponga la mantequilla de almendra sobre los filetes.

3. Pulsa las avellanas y la pimienta en un procesador de alimentos. Cubre la lubina con la mezcla de avellanas, y luego pasa a la bandeja de hornear.

4. Hornee en el horno precalentado durante unos 15 minutos. Enfriar durante 5 minutos antes de servir.

Nutrición: 468 calorías 31g de grasa 40g de proteína

Paella de camarones y guisantes

Tiempo de preparación: 20 minutos

Tiempo de cocción: 60 minutos

Porción: 2

Tamaño/Porción: 4 onzas

Ingredientes:

- 2 cucharadas de aceite de oliva

- 1 diente de ajo, picado

- ½ cebolla grande, picada

- 1 taza de tomate cortado en cubos

- ½ taza de arroz de grano corto

- ½ cucharadita de pimentón dulce

- ½ taza de vino blanco seco

- 1¼ tazas de caldo de pollo bajo en sodio

- 227 g (8 onzas) de camarones grandes crudos

- 1 taza de guisantes congelados

- ¼ taza de pimientos rojos asados en frasco

Dirección

1. Calienta el aceite de oliva en una sartén grande a fuego medio-alto.

2. Añade el ajo y la cebolla y saltéalos durante 3 minutos, o hasta que la cebolla se ablande.

3. Añade el tomate, el arroz y el pimentón y revuelve durante 3 minutos para tostar el arroz.

4. Añade el vino y el caldo de pollo y revuelve para combinar. Ponga la mezcla a hervir.

5. Cubrir y poner el calor a medio-bajo, y cocer a fuego lento durante 45 minutos

6. Añade las gambas, los guisantes y los pimientos rojos asados. Cubrir y cocinar durante 5 minutos más. Sazonar con sal al gusto y servir.

Nutrición: 646 calorías 27g de grasa 42g de proteína

CPSIA information can be obtained
at www.ICGtesting.com
Printed in the USA
LVHW080611200121
676907LV00001B/23